AF349488

HIPPOMENE
ET ATALANTE,

OPÉRA

EN UN ACTE;

REPRÉSENTÉ

SUR LE THÉATRE DE L'ACADÉMIE IMPÉRIALE
DE MUSIQUE,
LE 24 JANVIER 1810.

A PARIS.

Chez ROULLET, Libraire de l'Académie Impériale
de Musique, rue des Poitevins, n° 7.

M. DCCCX.

LE POEME DE M***
LA MUSIQUE de M. Louis PICCINNI,
ANCIEN MAÎTRE DE CHAPELLE A LA COUR DE
SUEDE.

D'ATALANTE ET D'HYPPOMENE,

PEUPLE.

BASSES.	TAILLES.	HAUTES-CONTRES.
Mrs Moreau.	Mrs Martin.	Mrs Lefevre.
Lhoste.	Duchamp.	Chollet.
Lecoq.	Chevrier.	Leroy.
Devilliers.	Nocart.	Gaubert.
Leroy.	Beaugrand.	Fasquel.
Putheaux.	Leroy.	Gousse.
Aubé.	Carbonnier.	Desargus
Gonthiès.	Menard.	Lemaire.
F. Adrien.		
Picard.		
Nisy.		
Honebert.		
Chapelot.		
Prévost.		

DESSUS.

Mmes Gambais.	Mmes Florigny.	Mmes Reine.
Proche.	Mantes mere.	Peletier.
Hymm.	Chevrier.	Dubois.
Mullot ainée.	Vallain.	Lesbre.
Mullot cadette.	Beaumont.	Fasquel.
Royer.	Mazieres.	Mantes jeune.
Lefevre.	Lorenziti.	Falcos.
Bertrand.	Lacombe.	Menard.
Delboy ainée.	Percillier.	

ACTEURS.

MM.

SCHENUS, roi de l'isle de Schiros.   BERTIN.

ATALANTE, fille de Schenus.   Mad. GRANIER.

HIPPOMENE, prince, amant
   d'Atalante.   NOURIT.

ARCAS, confident d'Hippomene.   DUPARC.

VÉNUS.   Mlle. REINE.

SUITE d'ATALANTE.

SUITE D'HIPPOMENE.

DEUX AMANTS vaincus à la course.

La scene est dans l'isle de Schiros.

HIPPOMENE

ET ATALANTE.

(Le théâtre représente des rochers et des arbres parsemés. On voit à gauche une partie du temple de Diane , dont l'entrée est supposée d'un autre côté: à droite une plaine de verdure qui s'étend au loin : elle est coupée dans sa longueur par le chemin destiné à la course. Au milieu du théâtre, au fond, est un autel. C'est le but où les amans vaincus par Atalante doivent étre percés de flèches.)

SCENE PREMIERE.

HIPPOMENE.

Séjour affreux, fatale arène,
Autel formidable aux amours :
Votre aspect redouble ma peine,
Et mon cœur vous cherche toujours.
C'est ici que bientôt la flèche meurtrière
Va punir les amans vaincus dans la carrière.

La superbe Atalante est promise au vainqueur,
    A la course plus heureux qu'elle;
Mais si c'est à ce prix qu'on peut toucher son cœur,
    Sa rigueur doit être éternelle.
Séjour affreux, etc.

SCENE II.

HIPPOMENE, ARCAS.

ARCAS.

Quel plaisir trouvez-vous dans ce triste séjour?
Prince, pourquoi nourrir une funeste flamme?
Pouvez-vous à la gloire accoutumer votre ame,
    En n'obéissant qu'à l'amour?

HIPPOMENE.

Non, non, à cet amour mon ame est enchaînée :
J'ai fait pour le domter un inutile effort :
    Arcas, je cède à mon transport,
    Et veux suivre ma destinée.
Je sais trop à mes vœux quels dangers sont offerts.

AIR.

    Le vent qui soulève les mers
    N'est pas si prompt dans sa colère :
    La flèche qui fuit dans les airs
    Est moins rapide et moins légère :
    Ainsi que l'éclair dans la nuit,
    Elle trompe l'œil qui la suit.

De Cérès effleurant l'empire,
A peine de l'Aurore elle enlève les pleurs,
Et ses pieds caressent les fleurs
Comme l'haleine de Zéphire.
(On entend une marche.)

ARCAS.

Ecoutez ces accens précurseurs du trépas.

HIPPOMENE.

J'en atteste les dieux, et je l'espère encore,
Ce sacrifice, ami, ne s'achevera pas.

ARCAS.

Ah! plutôt abjurez l'amour qui vous dévore.

AIR.

Qu'Atalante dans ses excès,
De Diane élève et rivale,
Aussi rapide que ses traits,
Condamne à la flèche fatale,
Et les hôtes de nos forêts,
Et des amans trop indiscrets:
Vous qu'un meilleur destin éleva pour la guerre.
Plus heureusement téméraire,
Courez un plus noble danger.
N'attendez pas qu'un perfide étranger
Attaque ce peuple insulaire.
Bravons les flots, descendons sur ses bords;
Et qu'un autre courage échauffant vos transports,
Ami de la patrie, amant de la victoire,
Au milieu des débris du carnage et des morts,
L'Amour soit vaincu par la Gloire.

HIPPOMENE.

C'est le ciel qui m'inspire ; il accroît en ce jour
Et ma force et mon espérance ,
Sortons : Mars et Vénus, tous deux d'intelligence,
Uniront la Gloire à l'Amour.

SCENE III.

LE ROI, ATALANTE.

LE ROI.

Vous désespérez votre père ,
Ma fille, révoquons un ordre téméraire
Qui d'un voile de mort couvrirait mes états.
Les dieux vous auraient-ils donné dans leur colère,
Et votre cœur et vos appas ?
Mes jours seraient affreux , vos pas seraient des crimes ;
Je les partagerais en souffrant ces excès ,
Et vous n'auriez plus de victimes,
Quand je n'aurais plus de sujets.

ATALANTE.

AIR.

Je ne veux point que l'hymen m'asservisse ,
Et je crains encor plus l'Amour.
Si je dois le connaître un jour,
Je sens qu'il fera mon supplice,
Je ne veux point, etc.

SCENE III.

LE ROI.

Ma tendresse pour vous a trompé ma justice.

ATALANTE.

Eh! que peut-on me reprocher?
De ces amans si l'orgueil téméraire
Les conduit à la mort, ils l'ont voulu chercher.
Ils connaissaient cet arrêt nécessaire
Que m'arracha l'effroi : vous le savez, seigneur,
L'oracle m'a prédit que, belle et fortunée,
Si je puis conserver mon cœur,
Je dois, sous les lois d'hyménée,
Devenir un objet d'horreur.

LE ROI.

AIR.

Banissez de vaines allarmes :
Jamais l'Amour n'a détruit la beauté.
L'Hymen par l'Amour présenté,
Lui donne encor de nouveaux charmes.

ATALANTE.

Hélas!

LE ROI.

Vous soupirez, rendez-vous à mes larmes.
Nul prince dans ma cour ne peut-il vous charmer?
N'en jugez-vous aucun digne de vous aimer?
Le jeune et vaillant Hippomene...

DUO.

ATALANTE.	LE ROI.
Ah! prenez pitié de ma peine,	Quoi! voulez-vous, fille inhumaine,
Mon bonheur est de fuir toujours	Faire le tourment de mes jours,
L'Amour, et l'Hymen et leur chaîne.	Braver ma tendresse et ma haine?
Les dieux imposent à mes jours	Dois-je laisser un libre cours
La loi de paraître inhumaine.	A la terreur qui vous entraîne,
Que ne puis-je l'être toujours!	Et flétrir mon nom pour toujours?

LE ROI.

C'est trop endurer ton injure,
Tu prétends outrager l'Amour et la Nature;
Mais une seule fois ce triomphe odieux,
Quel que soit ton destin, aura blessé mes yeux.

SCENE IV.

ATALANTE.

AIR.

Laisse couler tes pleurs malheureuse Atalante;
Peut-on braver l'Amour lorsqu'on sent tous ses feux?
   Ah! plus j'étais indifférente
   Et plus mon sort est malheureux.
   De l'oracle la voix terrible
   Me glace d'horreur et d'effroi.
   Diane, sévère, inflexible,
   M'oppose son culte et ma foi.
   Se peut-il que l'Amour m'enchaîne
   Et me captive sous sa loi?

Trop sensible ou trop inhumaine,
Quel dieu doit disposer de moi?

SCENE V.

ATALANTE, sa suite, le peuple. *La marche
annonce l'approche des victimes.*

ATALANTE.

Qu'entends-je! Je les vois. Ah! mon cœur trop sévère
Gémit d'un arrêt si cruel.
Leur crime est de n'avoir su plaire.
Hippomene à mes yeux serait moins criminel.

CHOEUR.

SUITE D'ATALANTE.	LE PEUPLE.
Qu'on les immole, qu'ils périssent,	Que leurs malheurs vous attendrissent,
Ils ont dû prévoir leur sort.	Ah! prenez pitié de leur sort.
Se peut-il qu'ils vous attendrissent?	Non, ne souffrez point qu'ils périssent;
Leur audace est digne de mort.	L'Amour mérite-t-il la mort?

CHOEUR DE FEMMES.

Cédez, cédez, belle Atalante,
Et pour nous rendre heureux choisissez un vainqueur;
Le triste et froid sommeil d'une ame indifférente,
Vaut-il les doux plaisirs que goûte un tendre cœur?

SUITE D'ATALANTE.	LE PEUPLE.
Qu'on les immole, etc.	Que leurs malheurs, etc.

SCENE VI.

LE ROI, HIPPOMENE, ATALANTE.

LE ROI.

Arrêtez, suspendez ce cruel sacrifice.

HIPPOMENE.

Je viens subir la même loi.
Je viens partager leur supplice
S'ils n'en sont délivrés par moi.

ATALANTE.

Hippomene, grands dieux !

LE CHOEUR.

Hippomene, Hippomene,
Pourquoi chercher une mort trop certaine?
Malheureux Hippomene,
Un aveugle amour vous entraîne.

ATALANTE.

Amour, amour, ah ! quel moment pour toi !

HIPPOMENE.

J'ai su nourrir dans le silence
Et mes vœux et mon désespoir.
Je me suis préparé d'avance
Au prix que j'en vais recevoir :
Mais si de mon ame enflammée
Vous aviez connu tout l'amour !
Non, l'on n'est pas autant aimée,
Sans être sensible à son tour.

ATALANTE.	LE ROI.	HIPPOMENE
Ah! si de son ame en- flammée J'avais mieux connu tout l'amour! Non, etc.	Ah! si de son ame en- flammée Vous aviez connu tout l'amour! Non, etc.	Ah! si de mon ame enflammée Vous aviez connu tout l'amour! Non, etc.

ATALANTE.

En est-ce assez, ô ciel! Quoi! vous aussi mon père!

LE ROI.

Le prince vient d'implorer mon appui,
Puissent des dieux la bonté tutélaire
    Finir tous nos maux aujourd'hui!
S'ils ont jugé qu'un mortel pût vous plaire,
    Sans doute ils ont les yeux sur lui.

ATALANTE.

Est-ce donc le haïr que lui sauver le jour?

HIPPOMENE.

Cette pitié redouble ma souffrance;
    Le mépris et l'indifférence
    Sont de la haine pour l'amour.
Je n'écoute plus rien que l'ardeur qui m'anime;
    Il faut que je sois en ce jour
    Votre époux ou votre victime.

ATALANTE.

Prince, c'est malgré moi que je cède à vos vœux.
    Que le champ s'ouvre pour nous deux,
    Qu'on suive les lois et l'usage.
Je ferai mon devoir, *(à part)* si j'en ai le courage.
    Marchons, laissons le reste aux dieux.

TOUS

Marchez, marchez, laissez le reste aux dieux.
Puissent-ils seconder cette ardeur qui l'anime,
Et faire triompher l'Amour.
Qu'Hippomene soit dans ce jour
Son époux et non sa victime,
Courez, volez, laissez le reste aux dieux.

SCENE VII.

LE ROI, HIPPOMENE.

LE ROI.

Oui, c'est en vous seul que j'espère,
Prince, recevez tous mes vœux :
Je serai le plus heureux père ;
Soyez l'amant le plus heureux.
(On entend des sons harmonieux.)
Mais quels accens divins descendent sur la terre ?
Quels accords ! quels parfums dans les airs répandus !

SCENE VIII.

VÉNUS *descend dans un nuage.*

Tes vœux au ciel sont parvenus.
Lorsque l'on est amant fidèle,
Contre le cœur d'une rebelle,

Ce n'est pas sans succès qu'on implore Vénus.
Vénus plus d'une fois l'emporta sur Diane
Pour faire triompher les feux qu'elle condamne.
     Si l'aspect d'un fruit enchanté
     Dont je te prescrirai l'usage,
   Peut arrêter les yeux de la beauté,
     Tu dois remporter l'avantage
     Que ta constance a mérité.

HIPPOMENE.

J'accepte avec transport ce fortuné présage.
Et bientôt, si les dieux secondent mon courage,
     De vos sujets le plus soumis
     Viendra vous apporter l'hommage
     Et les vœux du plus tendre fils.

SCENE IX.

LE ROI.

     O Vénus ! remplis mon attente,
     Console-moi par tes bienfaits.
     Embraser le cœur d'Atalante,
   C'est rendre heureux ma fille, et mes sujets.

SCENE X.

LE ROI, ARCAS.

*(Le peuple se range du côté gauche du théâtre,
et regarde avec empressement le fond du côté
opposé. Une couronne est placée sur l'autel.)*

ARCAS.

Dans tous les yeux, seigneur, la joie et l'espérance
Annoncent que les dieux vont bientôt s'appaiser.
Déja le peuple en foule et se presse et s'avance,
Et la course va commencer.

LE ROI, ARCAS.

Veillez, veillez, sur Hippomene,
Dieu protecteur! Dieu tout puissant!
(La trompette donne le signal de la course.)

LE ROI.

Déja d'un œil rapide ils mesurent la plaine.
Redoublez d'ardeur jeune amant,
Volez, volez, Hippomene,
Songez au prix qui vous attend.

LE CHOEUR.

Redoublez d'ardeur jeune amant.

ATALANTE, *dans l'éloignement.*

Quel fruit nouveau? quel fruit charmant!

LE PEUPLE.

Quel fruit nouveau? quel fruit charmant!

LE ROI.

Atalante, incertaine,
S'arrête en l'admirant.

LE PEUPLE.

Redoublez d'ardeur, jeune amant.

LE ROI.

Le prince a franchi la barrière,
Il vient, il vole, il est vainqueur.

SCENE XI.

LE ROI, HIPPOMENE.

HIPPOMENE, *en saisissant la couronne.*

J'ai triomphé, dieux! quel bonheur!

LE ROI.

Venez, mon fils, embrassez votre père.

HIPPOMENE.

Vous n'êtes encor que mon roi.

(A Atalante qui s'avance lentement.)

Venez, dissipez votre effroi;
Je suis vainqueur, belle Atalante:
Mais ce n'est pas assez pour moi;
Vous êtes toujours triomphante.
Ma couronne à la main, j'embrasse vos genoux.
Je suis vaincu, si j'ai pu vous déplaire.

Je vous rends tous vos droits : il me sera plus doux,
    Si j'obtiens le sort que j'espère,
    De ne le tenir que de vous.

ATALANTE.

Prince trop généreux, j'avouerai ma faiblesse.
Oui : vous m'avez vaincue, et je ne m'en plains pas.
L'Amour vous suffisait sans employer l'adresse,
En volant avec vous il enchaînait mes pas.

LE ROI.

Recevez à-la-fois et ma fille et mon trône ;
    Prince, régnez dans ces climats.
   Comme l'Amour, l'Amitié vous couronne.
    Mon sceptre ne vous rendra pas
  Tout le plaisir que votre amour me donne.

TRIO.

    Descends du céleste séjour,
    Dieu du bonheur, Dieu d'hyménée :
    Viens, réponds aux vœux de l'Amour,
    Et consacre sa destinée.
    Unissez tous deux vos flambeaux ;
    N'en séparez jamais la flamme :
    Que toujours purs, toujours nouveaux,
    Vos feux renaissent dans leur ame.
    Ah ! d'un destin trop rigoureux
    Cessons de craindre les obstacles :
    Il est plus fort que les oracles,
    L'Amour qui désarme les dieux.

    (On entend le cor de chasse.)

CHOEUR DE LA SUITE D'ATALANTE,
CHOEUR D'HIPPOMENE.

SUITE D'ATALANTE.
C'est Diane qui nous appelle.
SUITE D'HIPPOMENE.
De l'Amour écoutez la voix.
SUITE D'ATALANTE.
Elle punit une rebelle.
SUITE D'HIPPOMENE.
Le dieu n'a-t-il pas son carquois?
SUITE D'ATALANTE.
Comme lui la jeune immortelle
A ses flèches, lance ses traits.
SUITE D'HIPPOMENE.
Mais l'Amour s'en sert bien mieux qu'elle,
Et tous ses coups sont des bienfaits.
SUITE D'ATALANTE.
Dans cette forêt solitaire
La chasse remplit nos desirs.
SUITE D'HIPPOMENE.
Oui, cette image de la guerre
Nous offre aussi de vrais plaisirs.
Avec Diane et ses compagnes,
Amans et chasseurs tour-à-tour,
Faisons aux échos des montagnes
Répéter les chants de l'Amour.

<table>
<tr><td>

CHOEUR D'HIPPOMENE.

Faisons aux échos des montagnes
Répéter les chants de l'Amour.

</td><td>

CHOEUR D'ATALANTE.

Nous savons franchir les montagnes,
Suivre Diane, et fuir l'Amour.

</td></tr>
</table>

SUITE D'HIPPOMENE.

Cessez de faire résistance.

SUITE D'ATALANTE.

Non, l'Amour est trop dangereux.

SUITE D'HIPPOMENE.

Pouvez-vous braver la puissance

Du dieu qui se peint dans vos yeux?

SUITE D'ATALANTE.

Cessez de nous vanter ses charmes,

De troubler la paix de nos cœurs.

SUITE D'HIPPOMENE.

Rendez-nous, rendez-nous vos armes,

Et commandez à vos vainqueurs.

<table>
<tr><td>

SUITE D'HIPPOMENE.

De l'Amour connaissez les charmes,
Laissez, laissez fléchir vos cœurs.
Cédez-nous, cédez-nous vos armes,
Et commandez à vos vainqueurs.

</td><td>

SUITE D'ATALANTE.

Faut-il donc céder à ses charmes?
Faut-il laisser fléchir nos cœurs?
Eh bien! nous vous rendons les armes;
Comme l'Amour soyez vainqueurs.

</td></tr>
</table>

Nota. La pantomime du ballet exprime en action tous ces mouvements, sur-tout celui où les compagnes d'Atalante laissent passer leurs arcs dans les mains des suivants d'Hippomene. La longueur du spectacle a déterminé à supprimer le ballet à la première représentation.

(On danse.)

FIN.

DE L'IMPRIMERIE DE P. DIDOT L'AINÉ.

ALLOCUTION

DANS L'ÉGLISE DE SAINT-DÉSERT

LE 3 AOUT 1898

A LA CÉRÉMONIE DU MARIAGE

DE

M. P. SARROT ET DE Mlle M. BENOIST

PAR

M. L'Abbé MUGNIER

CURÉ DE SAINT-VINCENT DE CHALON S/S

ALLOCUTION

PRONONCÉE

DANS L'ÉGLISE DE SAINT-DÉSERT

LE 3 AOUT 1898

A LA CÉRÉMONIE DU MARIAGE

DE

M. P. SARROT ET DE Mlle M. BENOIST

PAR

M. L'Abbé Mugnier

CURÉ DE SAINT-VINCENT DE CHALON-S-S